AF292824

Wolfgang Jocher

Wie lange noch?

Kritische Fragen zur Corona-Pandemie

Impressum

Bibliografische Information der Deutschen Nationalbibliothek: Die Deutsche Nationalbibliothek verzeichnet diese Publikation in der Deutschen Nationalbibliografie; detaillierte bibliografische Daten sind im Internet über http://dnb.d-nb.de abrufbar.

© 2021 Inhaber sämtlicher Rechte (Text, Bild, Grafik, Domains, alle nicht besonders gekennzeichneten Marken): Mag. oec. JKU Wolfgang Jocher, wolfgang@jocher.at

Bildnachweis: Autorenfoto: © Fotostudio Berger, 4060 Leonding, Österreich

Covergestaltung: Mag. oec. JKU Wolfgang Jocher, 4490 St. Florian, Österreich

Herstellung und Verlag: BoD - Books on Demand, Norderstedt, Deutschland

Gendererklärung: So weit möglich, wurde darauf Bedacht genommen, Damen und Herren explizit im Text anzusprechen. Wo genau dies nicht erfolgt ist, stelle ich klar: Es sind selbstverständlich immer Damen und Herren gleichrangig gemeint.

ISBN: *9783753407265*

Widmung

Allen jenen gewidmet, die sich aktiv und kritisch mit Inhalten auseinandersetzen, die uns auf welchen politischen Ebenen auch immer und von wem auch immer als die eine und einzige Wahrheit aufgetischt werden.

Inhalt

Vorwort

Um falschen Annahmen vorzubeugen:

Ich leugne die Covid-19-Erkrankungen nicht, auf keinen Fall. Denn jede Covid-19-Erkrankung (wenn sie wirklich eine solche ist) hat das Potential, sich lebensgefährlich zu entwickeln und sogar zum Tod zu führen.

Ohne in die politisch rechte Ecke gerückt zu werden darf aber andererseits auch hinterfragt werden, ob der bisherige und aktuelle Umgang mit der Pandemie auf politischer Ebene wesentlich effizienter hätte gestaltet werden können. Sich mit volkswirtschaftlich höchst brisanten Lockdowns durch die Zeit zu schleppen, wild zu testen, Horrormeldungen durch willfährige Medien verbreiten zu lassen und dabei geduckt auf Besserung zu hoffen, darf nicht als der Weisheit letzter Schluss durchgehen.

Es geht ferner auch darum, Ansätze für Nachdenkinhalte anzubieten, um für künftige Epidemien und Pandemien konzeptionell besser gerüstet zu sein. Denn der gesundheits- und realpolitische Umgang mit der gegenständlichen Pandemie kann wohl kaum als Leitbild für das Bewältigen künftiger Epidemien und Pandemien dienen.

Die in diesem Buch gestellten Fragen beleuchten keineswegs alle relevanten Corona-Themen. Aber es soll damit ein Anreiz gegeben werden, sich auch mit weiteren Corona-Inhalten kritisch auseinanderzusetzen. Bei Interesse und Bedarf darf dieses Buch daher gerne als Grundlage für intensive Diskussionen im privaten und im öffentlichen Bereich benützt werden.

1. Einleitung

Es ist völlig klar, dass sich PolitikerInnen in ihren Entscheidungen nur auf die Aussagen von Experten stützen können.

Daher hatte es die Politik anfangs sehr schwer, sich zu orientieren, und daher war auch das Anfangsstadium der aktuellen Corona-Pandemie durch weit verbreitete Verunsicherung und Angst vor etwas Unbekanntem geprägt. Die Politik konnte damals wahrscheinlich nicht anders, als Lockdowns zu verordnen und zu schauen, was passieren würde. Soviel zur Bewertung der Aktionen im Frühjahr 2020.

Im weiteren Verlauf des Jahres 2020 festigte sich dann die Meinung, eine flächendeckende Impfung gegen das Covid-19-Virus sei das Allheilmittel. Also haben sich die PolitikerInnen beruhigt hingesetzt und auf das von der Pharmaindustrie versprochene Wunder gewartet.

Dummerweise hat sich das Virus von dieser abwartenden Haltung nicht irritieren lassen und munter weiter sein Unwesen getrieben. Daher waren gegen Ende 2020 europaweit weitere Lockdowns nötig, dieses Mal mit Prolongationsoptionen, die auch weidlich genützt wurden.

Nun sind - Jänner 2021 - die Impfungen im Anrollen, aber die Organisation der Impfstoffverteilung und vor allem das Zusammenführen der vorhandenen Impfstoffdosen mit der Impfbereitschaft etc. haben organisatorisch noch massenhaft Luft nach oben.

Ein spezielles Problem stellen die in großen Teilen verfassungsrechtlich problematischen Einschränkungen der persönlichen Freiheit durch die Lockdowns dar. Zu hinterfragen ist jedes Mal, aufgrund welcher Faktenlage die persönliche Freiheit einschränkende Maßnahmen gesetzt werden. In diesem Sinn ist die Verhältnismäßigkeit solcher Maßnahmen kritisch zu prüfen.

Auf die Entwicklungen im Jahr 2020 zurückblickend und angesichts des aktuellen, sehr unbefriedigenden Zustands ergeben sich die nachstehenden Fragen.

2. Wie wurden die Experten ausgewählt und wer hat sie ausgewählt?

Die letzten Monate haben gezeigt, dass es nicht nur „die eine, die richtige" Auffassung der Gesamtproblematik gibt. Auch ausgewiesene Experten vertreten ihre unterschiedlichen Meinungen und untermauern sie mit entsprechenden Argumenten.

Wem hören die Politiker zu? Welche Expertenmeinungen sind von der Pharmaindustrie getrieben? Welchen Stellenwert räumen die Politiker den Meldungen der WHO ein?

Diese Fragen zu beantworten ist von außen her sehr schwierig. Die politische Meinungsbildung ist in vielen Fällen vom Wissen und von den Mutmaßungen der zugelassenen „Einsager" abhängig, zumal die Politiker ja Politiker sind und über keinerlei brauchbares Corona-Expertenwissen verfügen. Daher sollte am Beginn im Kontakt Politiker – Fachleute zwangsläufig ein nachvollziehbares Auswahlverfahren mit robusten Ergebnissen stehen. Von Politikern kann man gewiss verlangen, ein solches Auswahlverfahren aufzusetzen und durchzuziehen.

Bequemer ist natürlich, zu schauen, wie das andere Länder angehen, wer wen bevorzugt, und ob es einen Mainstream gibt, an dem man sich orientieren kann. Das Schauen auf die anderen reduziert zwar die Wahrscheinlichkeit, einen falschen Weg abseits der Mehrheit einzuschlagen und dafür womöglich Schelte einstecken zu müssen. Andererseits wird aber auch die Möglichkeit der Vielfalt in den Ergebnissen reduziert.

Denn für das Beratungsergebnis entscheidend sind Erfahrungen und vor allem auch die Vernetzungslinien der Berater. Aus den Vernetzungslinien resultieren Bekanntschaften, eventuell sogar Naheverhältnisse zu anderen Experten und zu (großen) einschlägigen Unternehmen. Und es ist auch naheliegend und nachvollziehbar, dass jeder Berater das empfiehlt, was er aufgrund seiner Vergangenheit und seiner Vernetzung mit - aus seiner Sicht – ruhigem Gewissen vertreten kann.

Daher ist es sicher so, dass mit dem Engagement eines bestimmten Beraters auch schon die zu erwartende Beratungslinie ungefähr einschätzbar ist. Überspitzt formuliert: Politisch genehme Beratungsergebnisse können durch die gezielte Auswahl der Berater und Einsager vorherbestimmt und abgesichert werden.

Entscheidend für die Tragfähigkeit des Beratungsergebnisses, das die Fachminister dann politisch nach außen tragen, ist die Vielfalt der eingeflossenen Meinungen. Daher sollte die Auswahl der zu Rate gezogenen Experten mit Bedacht und nach einem intensiven Hearing im Parlament erfolgen. Die Maßgabe, dass die Berater nur die von der Regierung vorgefasste Meinung bestätigen sollen, greift bei weitem zu kurz.

3. Aufgrund welcher Fakten wurden und werden Corona-Maßnahmen gesetzt?

Wenn eine Regierung durch Verordnungen in der Verfassung garantierte Grundrechte einschränkt, dann müssen diese Verordnungen mit belastbaren Zahlen, Daten und Fakten begründet werden.

Der PCR-Test

In der gegenständlichen Coronapandemie stützen sich die Regierungen auf die Testergebnisse von PCR-Tests. In der Praxis sind solche Testverfahren wesentlich komplexer als hier dargestellt, aber es geht hier nur um die Herkunft der Basisdaten für das, was in den Medien publiziert wird und was als wissenschaftliche Grundlage für Lockdowns etc. herhalten muss.

Was misst nun ein PCR-Test? Ein PCR-Test erkennt keine Infektion. Dafür wurde das Verfahren auch nicht entwickelt. Ein PCR-Test erkennt lediglich, dass sich ein bestimmter Stoff im Körper befindet. Ob dieser schon tot ist oder noch aktiv oder ob er schon in eine Zelle eingedrungen ist (sie also infiziert hat) oder nicht, ist aus dem Testergebnis nicht abzuleiten.

Nach der Probenentnahme (aus Nase oder Rachen) werden die Spuren des erkannten Virenerbguts mithilfe der Polymerase Kettenreaktion in mehreren Zyklen im Labor vermehrt, um sie sichtbar zu machen. Der dabei ermittelte Ct-Wert sagt aus, ab welcher Anzahl Zyklen Viren-Erbgut bereits nachweisbar ist. Bei geringer Menge an Viren-Erbgut braucht man also mehr Zyklen, um es sichtbar zu machen, und umgekehrt. Demnach ist jemand umso ansteckender, je geringer der Ct-Wert seines Tests ausfällt.

Die Ct-Werte sind es nun, über die in Fachkreisen heftig diskutiert wurde und wird. In den USA werden z.B. Ct-Ergebnisse über 30 ignoriert, weil dann die Virenlast beim Probanden so gering ist, dass von ihm keine Ansteckungsgefahr ausgeht. Besonders gründliche Labore fahren aber deutlich mehr als 30 Zyklen, um vielleicht doch noch Viren-erbgut zu entdecken. Man will also doch noch positive Testergebnisse darzustellen, obwohl von einer Ansteckungsgefahr bei der getesteten Person höchstwahrscheinlich überhaupt keine Rede mehr sein kann.

Das ist das eigentliche Dilemma, denn es gibt keine normierte Skala der Ct-Werte, wie z.B. (Diskussionsansatz):

- 1 – 10: Verdacht, hoch ansteckend zu sein: -> Sofort zum Arzt, der die Diagnose stellt.

- 11 – 25: Selbstbeobachtung, bei Symptomen zum Arzt.

- > 25: Unbedenklich.

Stattdessen wird locker kommuniziert, dass „die Zahlen steigen". Welche Zahlen, bitte?

Todesfallzahlen

Klarerweise ist jeder Tote, der an Corona und an sonst nichts anderem stirbt, ein Toter zu viel. Das gilt sinngemäß auch für alle andern Infektionskrankheiten, wie z.B. die Influenza. Allerdings wird in der EU jeder positiv getestete Verstorbene als Corona-Toter geführt, egal ob er bei einem Verkehrsunfall um Leben gekommen ist, im Verlauf einer Krebserkrankung, wegen einer misslungenen Narkose oder aus sonst einem anderen Grund.

Das Addieren der Todesfallzahlen von „an" und „mit" Covid-19 Verstorbenen erhöht die Zahl der Covid-19-Toten und steigert oder zementiert damit die Aufmerksamkeit auf das Infektionsgeschehen. Damit wird, wie vielleicht gewünscht, eventuell sogar panische Angst geschürt. Kommuniziert wird das mit „im Zusammenhang mit Corona verstorben" oder neuerdings auch „mit dem Virus im Körper" verstorben. Vernebelter kann man kaum agieren.

Überlastung der Krankenhäuser

In dem Augenblick, wo es nicht mehr um Menschen geht, sondern nur noch um fehlende Krankenhausbetten und / oder fehlendes fachlich speziell geschultes und qualifiziertes Pflegepersonal, wird es bedenklich. Hier zeigen sich die Erfolge der Sparpolitik der Regierungen der letzten Jahre. Es muss gespart werden, koste es, was es wolle. Kommentar überflüssig.

4. Warum gibt es bis heute keine standardisierten Pfade zum Behandeln von Covid-19-Erkrankungen?

Das Szenario um den PCR-Test stellt sich auf der labordiagnostischen Ebene als sehr vielschichtig und überaus komplex dar. Je nach Testvariante und aus welchem Umfeld heraus eine Testperson einen PCR-Test absolviert, ergeben sich unterschiedliche Relationen zwischen Gesamtzahl der Tests und positiv getesteten Fällen.

Unstrittig dürfte allerdings sein, dass nur ein geringer Teil der positiv Getesteten stationär in Spitälern aufgenommen werden muss und dass wiederum nur ein kleiner Teil davon intensivmedizinischer Behandlung bedarf.

Was wäre nun, sich den effektiv Erkrankten mit aller Kraft therapeutisch zuzuwenden, anstatt zu versuchen, zumindest große Teile der Bevölkerung gegen die Infektion zu impfen?

Nun, die relevanten Fragen stellen sich auf der kommerziellen Ebene so:

- Verkaufe ich als Pharmaunternehmen lieber Impfdosen für Millionen von Menschen oder begnüge ich mich mit dem Erlös aus Medikamenten für die viel geringere Anzahl an effektiv Erkrankten?

- Auf welcher Ebene kann der sowieso nötige Forschungsaufwand schneller wieder hereingeholt werden (ROI: Return on Investment)?

- Wie zukünftig umsatzträchtig ist welcher der beiden möglichen Wege?

Erfolgversprechende Behandlungspfade unter Verwendung von entsprechend wirksamen Medikamenten sind für die Pharmaindustrie unter ertragspolitischen Aspekten uninteressant, sie könnten aber folgendes bewirken:

- Lockdowns wären ab sofort unnötig. Die massiven und milliardenschweren Schäden mit allen negativen Folgeerscheinungen wären Vergangenheit.

- Corona-Sterbefälle würden minimiert werden oder sogar verschwinden.

- Ganz wichtig wäre die Entlastung der Spitäler insgesamt und ganz besonders die Rückkehr der Intensivstationen zum Normalbetrieb.

- Corona-Infektionen hätten ihre Schrecken verloren und könnten „normal" ablaufen, unser aller Immunsystem hätte eine weitere Chance zum Intensivtraining.

Diesen Gedankengang der Pharmaindustrie und dem Publikum zu vermitteln wäre Thema der politischen Ebene in Zusammenarbeit mit den Medien gewesen.

Warum wurden bisher keine alternativen Heilverfahren beachtet?

Sehr rasch hat sich bei den Experten die Meinung gefestigt, flächendeckendes Impfen sei wohl beste Methode, um des Covid-19-Virus Herr zu werden. Mittlerweile weiß man, dass maximal 30% der positiv auf Covid-19 getesteten tatsächlich erkranken und dass daher die eigentliche symptomatische Erkrankung das wesentliche Therapieziel sein könnte und sollte. Schließlich hat doch das körpereigene Immunsystem in allen anderen Fällen bewiesen, dass es mit dem Virus bestens zurechtkommt.

Das bedeutet, dass zum Verhindern von Lockdowns, zum Verhindern der Überlastung des Gesundheitssystems und zum Herunterfahren der Corona-Sterbefälle alternative Behandlungspfade und Behandlungsmethoden für die effektiv Erkrankten dringend nötig wären.

Als Beispiel möge das Medikament „Trimodulin" dienen, entwickelt von Biotest AG in Dreieich (Hessen, Deutschland). Dieses

Medikament wirkt über Antikörper, die aus dem Blutplasma von Covid-19-Genesenen gewonnen werden. Schon im April und Mai 2020 wurde in Fernsehbeiträgen und in der Presse auf die Aktivitäten von Biotest hingewiesen, zuletzt am 19.1.2021. Allerdings ist Biotest bisher von Förderungen keineswegs verwöhnt worden. Denn das Land Hessen fördert nur kleinere Unternehmen und auf Bundesebene Deutschlands wurde dem Unternehmen signalisiert, man setze voll auf Impfungen und es möge sich am freien Markt um Kapital bemühen.

Darüber hinaus kommen auch homöopathische Arzneigaben als Alternativen in Betracht.

Zusammenfassend, um das ganze Desaster zumindest in den wesentlichsten Punkten nochmals zu beleuchten:

- Mit Milliardenbeträgen wird Unternehmen zumindest der sofortige Absturz erspart.

- Zahllose MitarbeiterInnen werden in Kurzarbeit geschickt, damit sie nicht sofort gekündigt werden müssen.

- Zahllosen kleinen Unternehmen droht die Insolvenz, wenn die Stundungen und Überbrückungszahlungen auslaufen werden.

- Das gesamte Schul- und Ausbildungswesen liegt darnieder, viele Eltern sind mit „Homeschooling" heillos überfordert.

- Die Internet-Infrastruktur offenbart besonders im ländlichen Bereich skandalöse Schwächen.

- Die Bevölkerung wird mit einem Lockdown nach dem anderen am Rande oder schon jenseits der vom Grundgesetz vorgegebenen Grenzen ohne Perspektive gequält. Wann dieser Spuk vorbei sein wird, kann aktuell niemand sagen. Eher hat man das Gefühl, das ganze wird absichtlich weiter ausgewalzt.

- Viele Menschen bewegen sich am Rande des psychischen Zusammenbruchs, ausgelöst durch gleichzeitiges Homeschooling und Home-Office in sehr vielen dafür völlig ungeeigneten Wohnungen.

Dieses fürchterliche Szenario reicht aus der Sicht der Deutschen Bundesebene nicht einmal aus, um mögliche Alternativen zur flächendeckenden Impfung eingehend zu prüfen. Es reicht schon gar nicht dazu aus, das Entwickeln vielversprechender Alternativen zur Impflösung ausreichend zu fördern.

Hingegen wird unerschütterlich an dem Narrativ festgehalten, dass die - mit dem PCR-Test nicht einmal nachweisbare - Infektion das Übel ist, das es zu bekämpfen gilt.

Es ist hingegen die eigentliche Erkrankung mit hoffentlich leichten Symptomen. Dort ist anzusetzen.

Man fragt sich, wer diese an sich unglaublichen Zustände verstehen soll bzw. wie lange die Bevölkerung da noch mitspielen wird.

5. Warum werden immer wieder absolute Zahlen anstatt Relationen berichtet?

Absolute Zahlen sind kaum aussagefähig. Hingegen bieten relative Zahlenwerte (z.B. Anzahl pro 100.000 Menschen) für das Publikum leichter verständliche Anhaltspunkte und Informationen. Denn die Menschen wollen das dargestellte Szenario plausibel für sich zwischen verträglich und ruinös einstufen können.

Ausgangspunkte für Informationen sind hoffentlich niemals Gerüchte, sondern immer Daten und Fakten. Aber Otto Normalverbraucher kann normalerweise mit Daten und Fakten so ohne weiteres nichts anfangen, besonders dann nicht, wenn die mitgeteilten Daten und Fakten aus einem für Otto Normalverbraucher verständlichen Zusammenhang gerissen worden sind. Wenn Ihnen also jemand „25 Grad" zuruft, dann werden Sie eventuell nachhaken: „Was, warum?" Und man wird Ihnen dann hoffentlich eine für Sie sinnvolle und befriedigende Antwort anbieten. Vielleicht bekommen Sie aber auch zu hören: „Keine Ahnung, habe ich zufällig aufgeschnappt!"

Bei komplexen Themen wie dem Covid-19-Virus ist das Hinterfragen allerdings schwierig. Denn die Angst vor Blamage ist zu groß und außerdem landet man nur allzu schnell in der Schublade der Querdenker, Leugner und Verschwörer. Nur so ist es erklärlich, dass Menschen zunächst mit Attributen wie „Infizierte", „Asymptomatisch Erkrankte", „Erkrankte" etc. in Klassen eingeteilt wurden um sich anschließend im Topf „Fälle" wiederzufinden. Die kolportierten Mengen werden dann gerne als „Coronazahlen" bezeichnet, und damit ist die Verwirrung komplett gelungen. Die Medien spielen dieses Spiel gerne mit, möchten sie doch in der Gunst der politischen Machtträger nicht an Boden verlieren.

Mit Statistiken ist das überhaupt so eine Sache. Die Bedeutung des Leitsatzes: „Glaube nie einer Statistik, die du nicht selbst von vorne bis hinten erstellt und manipuliert hast!" wird hier eindrücklich bewiesen.

Das Verknüpfen von Daten zu Informationen steht und fällt mit sauberer begrifflicher Arbeit. Außerdem war es ursprünglich reine Hirnarbeit entsprechend geschulter, studierter und erfahrener Leute. Wegen der umfassenden dahintersteckenden händischen Rechenarbeit war an eine Manipulation der Ergebnisgrafiken schlichtweg faktisch nicht zu denken. Das bewusste Strecken oder

Stauchen einer Grafik und das Verwenden
der „richtigen" Strichstärken und Farben
konnte nicht wie heute per Mouse-Click se-
kündlich ausprobiert und abgetestet werden.

Das „gewusst wie" war nämlich noch
nicht wie heute in Computerprogrammen
hinterlegt, was schon damals zu Abhängig-
keitsverhältnissen zwischen Unternehmen
und so manchen Gewusst-wie Statistikern
führte. Schon damals konnte also die
Trumpfkarte „Wissen ist Macht" klug ausge-
spielt werden, aber der flächendeckende Einsatz solch intelligenter Messer und Nadeln
war noch lange nicht in Sicht.

Verpackt in schöne Grafiken, entsprechend dem Informationsziel richtig gespreizt
oder gestaucht, mit Bedacht eingefärbt
ergibt sich für den Betrachter ein Bild des
Horrors oder der Beruhigung, wohl gemerkt
aus denselben Grunddaten heraus! Da hat
niemand gelogen oder den penibel erhobe-
nen Grunddaten etwas hinzugefügt. Nein,
man hat sie nur „entsprechend" zusammen-
gefügt und dargestellt!

Eine große Gefahr besteht auch darin,
dass man beim Zusammenbau von Daten zu
Informationen Ursache mit Wirkung entweder versehentlich oder absichtlich verwech-
selt.

Mathematisch lässt sich bekanntlich
jede beliebige Korrelation berechnen,

grafisch zünftig darstellen und mit entsprechenden Argumenten untermauern. Der Kreativität sind kaum Grenzen gesetzt. Wenn das Ganze noch dazu auf einem unsauberen Begriffsgebäude und irreführenden Bezeichnungen aufsetzt, dann kann man mit einem solchen unklaren Konstrukt wunderbar auf der emotionalen Ebene herumlenken.

6. Warum wird der PCR-Test nach wie vor zum Testen symptomloser Menschen eingesetzt?

Der Entwickler des PCR-Testverfahrens, Nobelpreisträger Kary Mullis, hat sinngemäß dargelegt, dass der PCR-Test nur für wissenschaftliche und keinesfalls für diagnostische Zwecke entwickelt worden ist.

Ein positives Testergebnis bedeutet daher niemals, dass eine Infektion oder gar eine Erkrankung vorliegt. Es bestätigt nur, dass sich ein bestimmter Stoff im Körper befindet. Die Frage, ob dieser Stoff (z.B. ein Teil einer DNA) noch aktiv sein kann oder nicht (wie z.B. ein totes Teil eines Virus nach einer überstandenen Virusinfektion) kann ein PCR-Test nicht beantworten. Im Übrigen ist das Stellen von Diagnosen Aufgabe von Ärzten. Nicht umsonst werden Ärzte dafür über mehrere Jahre lang sehr sorgsam dafür ausgebildet.

Im Zusammenhang mit dem Verwenden von PCR-Testergebnissen zur Diagnose einer Erkrankung (wie das laufend währen der Corona-Pandemie geschieht) liegt daher der Verdacht nahe, dass es sich hier um

einen eklatanten Missbrauch von PCR-Testergebnissen handelt. Wenn das so ist, dann
müssen alle durch PCR-Tests begründete
Lockdowns sehr kritisch hinterfragt werden.
Denn Lockdowns zeigen ja auch erhebliche
nachteilige „Nebenwirkungen" auf allen Ebenen, wie wir in den vergangenen Monaten
erfahren haben.

Es darf erwartet werden, dass es in na-
her Zukunft massive zivilrechtliche Klagen
geben wird, die das aktuelle Vorgehen zum
Niederkämpfen des Covid-19-Virus zum Ge-
genstand haben werden. Im Fokus werden
hoffentlich zunächst jene Experten stehen,
die das aktuelle Lockdown-Szenario und flächendeckende Massentests gepredigt und
von namhafter Seite eingebrachte alternative
Ansichten als Verschwörungstheorien verun-
glimpft haben.

Ob PolitikerInnen deswegen angeklagt
und zur Verantwortung werden können ist
wegen ihres Immunitätsstatus schwer zu be-
urteilen. Allerdings hat die Wählerschaft die
Macht, diese PolitikerInnen bei der nächsten
Wahl entsprechend abzustrafen.

7. Warum wurden „an" und „mit" Corona Verstorbene in den Begriff „Im Zusammenhang mit Corona Verstorbene" zusammengeworfen?

Damit kommen wir zu einem hochinteressanten, aber auch sehr heiklen Thema, das uns weit in die Kommunikationspsychologie hineinführen würde. Aber keine Angst, wir bleiben an der Oberfläche.

Bei dem, was so alles laufend auf uns einströmt und was mir mit unseren Sinnesorganen (Augen, Ohren, ...) wahrnehmen, handelt es sich um Informationen. Dazu gehört klarerweise auch das, was uns die Medien laufend vorsetzen.

Alle Informationen erzeugen Gefühle, wie z.B. Angst, Freude, ... Damit können die Medien unser Wahrnehmungsverhalten sehr gut steuern, und das gelingt am allerbesten mit geschickt platzierten Bildern.

Nehmen wir als Beispiel einen Zeitungsartikel, in dem über eine geglückte Heilung eines Patienten berichtet wird. Grundsätzlich

kann man annehmen, dass sich der Leser
darüber freuen und Hochachtung für die be-
handelnden Ärzte und eventuell für die Tap-
ferkeit des Patienten empfinden wird. Aber je
nach Headline, Umfang, Wortwahl, Platzie-
rung in der Zeitung, ob und welche Bilder
mitgeliefert werden, werden ausgelöste Gefühle verstärkt oder relativiert.

Wesentliche Bestandteile von Informationen, die uns das Tagesgeschehen in den
Medien nahebringen, sind selbstverständlich
Zahlen und Fakten. Wir wollen doch genau
wissen, worum es wirklich geht, auf welchen
Grundlagen der Redakteur seine Formulie-
rungen aufbaut. Und damit kommt die gran-
diose, abwechslungsreiche und für Laien un-
ergründliche Landschaft der Statistik ins
Spiel.

Statistiken erlauben grundsätzlich das
übersichtliche Zusammenstellen von Daten
und Fakten. Sie leben von (hoffentlich) wis-
senschaftlichen Untersuchungen zum Ermitteln der nötigen Basisdaten. Mit Hilfe mathe-
matischer Verfahren werden diese Daten
dann miteinander verknüpft und in Relation
zueinander gesetzt. Es entsteht nach und
nach unter anderem (aber selbstverständlich
nicht nur) das, was wir in den Medien vorfin-
den, nämlich mit entsprechendem Kommentar unterlegte, mehr oder minder beeindru-
ckende, aber immer auf einfache Verständ-

lichkeit getrimmte Grafiken und vielleicht
auch Zahlentabellen.

Bilder (=Grafiken) sagen mehr als tausend Worte. Sie schlagen deswegen auch beim ersten Anblick voll auf unser Unterbewusstsein durch und erst danach lesen wir den Kommentar dazu. Ob wir diesen Kommentar überhaupt lesen bzw. die Wahrnehmung und unsere individuelle Bewertung dieses Kommentars wird nun gesteuert von jenen Emotionen, die diese Grafik in uns ausgelöst hat.

Noch etwas kommt hinzu. Mit der Bezeichnung von Grafiken oder Einzeldaten kann man gezielt die Wahrnehmung steuern. Und daher macht es einen Unterschied, ob ich sage: „An oder mit Corona verstorben" oder „Im Zusammenhang mit Corona verstorben". Die dargestellte Zahl ist dieselbe. Aber die Formulierung „An oder mit ..." könnte beim Leser einen (unerwünschten) Nachdenkprozess auslösen, um zu ergründen, wo denn der Unterschied liege zwischen „An" und „mit" liege. „Im Zusammenhang mit Corona ..." klingt hingegen sehr unverfänglich und völlig klar.

Es gibt also eine Menge Schrauben, mit denen man Information so justieren kann, dass man sie sehr gezielt zum Auslösen beabsichtigter Gefühle einsetzen oder sogar missbrauchen kann. So, wie die besorgte

Mutter ihren Sprössling nach dem Ausgang einer wichtigen Prüfung in der Schule fragt und er antwortet: „Mama, Hauptsache, ich bin gesund!" Er hat nicht gelogen, aber in seiner Mutter das Empfinden ausgelöst: „Ja, egal, der Bub hat eigentlich Recht!"

Wir kommen nun zur Fragestellung zurück, warum die Zahlen „mit" oder „an" zu „im Zusammenhang" vermischt werden. Hinter der gesamten Corona-Informationslinie steht die Absicht, den Angstlevel in der Bevölkerung anhaltend hoch zu halten, um das anhaltende Verständnis für einschränkende Maßnahmen zu festigen. Diejenigen, die formuliert haben „Im Zusammenhang mit ..." hatten eventuell den Eindruck, die Zahlen der wirklich „an Corona" Verstorbenen sei zum Erreichen des Kommunikationsziels zu gering. Daher werden z.B. jene tödlich Verunglückten dazugezählt, die mit Corona infiziert waren. Und auch jene im Krankenhaus z.B. an Krebs Verstorbenen finden sich in dieser Zahl wieder, wenn sie zum Zeitpunkt ihres Ablebens zufällig mit Corona infiziert waren. So einfach geht das (leider).

8. Warum lassen Ärzte zu, dass ihre ärztlichen Privilegien mit Füßen getreten werden?

Ärzte haben einen mehrjährigen Ausbildungsprozess im universitären Bereich und in Krankenhäusern als Turnusärzte hinter sich, bevor sie als Allgemeinmediziner oder Fachärzte ihre eigenen Patienten behandeln dürfen. Ihre langjährige Ausbildung und Erfahrung befähigt sie unter anderem auch, Diagnosen zu stellen, gemeinsam mit ihren Patienten zweckmäßige Behandlungsregime zu festzulegen und dementsprechend Medikamente zu verordnen.

Stattdessen diagnostizieren nun plötzlich zum Testen symptomloser Menschen gar nicht zugelassene PCR-Tests „Covid-19-Erkrankungen"! Und diese Testergebnisse bilden noch dazu eine Grundlage, Menschen zu verängstigen und um Lockdowns mit den bekannten massiven Kollateralschäden zu begründen. Das möge verstehen, wer will.

Ein ähnliches Thema haben wir bei den Massenimpfungen. In der Verfassung ist das Recht auf körperliche Unversehrtheit verankert. Daher bedarf es vor jedem Eingriff in den Körper (und dazu gehören auch Impfungen) zunächst einmal eines qualifizierten Aufklärungsgesprächs durch einen zugelassenen Arzt, wenn der Patient das wünscht. Es sind schließlich die Pro- und Kontraargumente gegeneinander abzuwägen. Der Patient muss sich aufgrund dieses Gesprächs frei für oder gegen einen Eingriff, eine Impfung entscheiden können. Daraus ergibt sich, dass jedem Patienten, der das wünscht, Gelegenheit zu einem qualifizierten Aufklärungsgespräch durch einen Arzt vor der Impfung gegeben werden muss. Ein Aufklärungsgespräch durch einen Nicht-Arzt anhand eines standardisierten Fragebogens scheint zu wenig zu sein.

Ein solches Aufklärungsgespräch vor einem Eingriff hat ein Arzt und sonst niemand durchzuführen, und dafür muss auch ausreichend Zeit (in aller Regel 10 bis 30 Minuten) zur Verfügung stehen. Das wird im Rahmen einer Massenabfertigung wohl kaum möglich sein.

Andererseits kann jede(r) für sich entscheiden und für sich sagen: „Aufklärungsgespräch ist mir egal, ich will Impfung!" Ok, dann zack-zack ab zum Drive-in-Impfen, wie es z.B. in Israel möglich ist.

Die Freiwilligkeit der Covid-Impfungen steht also außer Frage. Dennoch begann als erste die australische Fluglinie Quantas noch

im Herbst 2020, diese Freiwilligkeit aufzu-
weichen. Sie kündigte an, in Zukunft nur ge-
impfte Passagiere an Bord gehen zu lassen.
Die Deutsche Lufthansa stimmte kurz danach
dasselbe Lied an und es darf angenommen
werden, dass dieses Ansinnen weltweite
Kreise ziehen wird.

Wo sind wir da gelandet, wohin sind wir
unterwegs? Wenn überhaupt, dann darf es
Reisebeschränkungen aufgrund von Nicht-
impfung nur dann geben, wenn das Einreisen
in das Zielland der Reise ohne Impfzeugnis
verboten ist. Denn dann hat ja die Flugreise
dorthin keinen Sinn.

Wer ist eigentlich berechtigt, von mir
Daten über meinen Impfstatus, meine Gesundheit, zu verlangen? Ein Gastwirt, eine
Stewardess, ein Türsteher? Wie steht es mit
der Umkehr der Beweislast? Warum muss ich
beweisen, dass ich „ungefährlich" bin? Warum müssen nicht andere beweisen, dass ich
gefährlich bin?

Insgesamt ergibt sich daraus:

- Niemand kann jemand anderen zur
  Zwangsimpfung verdonnern.

- Es besteht auch der begründete Verdacht, dass Ausschlüsse Nichtgeimpfter
  von Teilbereichen des öffentlichen Lebens
  (Reisen, Konzerte, Gastronomie, …) oder
  gar Diskriminierungen (z.B. Verwehren

eines Arbeitsplatzes) gegen bestehendes Verfassungsrecht verstoßen.

- Diskussionen um die Einführung einer Covid-Zwangsimpfung sind völlig überflüssig und daher entbehrlich. Dazu müsste die Verfassung geändert werden, und das bedarf in aller Regel der Zweidrittelmehrheit im Parlament.

- Wenn jemand - auch in bester Absicht - ohne entsprechende Ausbildung und ohne qualifiziertes ärztliches Vorgespräch mit einer Nadel zusticht und dazu noch eine Flüssigkeit in den Körper hineinspritzt (also impft), steht er im Verdacht, eine Körperverletzung zu begehen.

9. Wann werden sich PolitikerInnen endlich vor laufender Kamera impfen lassen?

Ich stelle mir eine Fernsehsendung zur Primetime vor. Jene PolitikerInnen, die besonders heftig für das Impfen votieren, stellen sich folgendem Setting:

45 x 45 (=2.025) Fläschchen Impfmaterial wurden im Vorfeld unter notarieller Aufsicht von 1 bis 2.025 durchnummeriert. In der öffentlichen Fernsehsendung wird nun diese Grundgesamtheit präsentiert.

Impfverlauf

Per Zufallsgenerator wird der betreffende Politiker, die betreffende Politikerin ausgewählt. Anschließend kommt die Maschine zum Einsatz, die auch die Lottozahlen zieht. Damit werden hintereinander zwei Kugeln gezogen und die beiden Ergebnisse miteinander multipliziert (Beispiel: 12 x 37 = 444).

Das Fläschchen mit der Nummer 444 gelangt daher zum Impfeinsatz. Der impfende Arzt bereitet nun aus diesem Fläschchen die Spritze vor, die er dann vor laufender Kamera unter notarieller Aufsicht sofort dem zu Impfenden injiziert.

Nach einer kurzen Showeinlage wird dieser Impfablauf so lange wiederholt, bis alle politischen Testkanditen geimpft sind.

Wichtige positive Aspekte ergeben sich daraus:

Hoher Motivationsimpuls

Naja, wenn sich die Politiker impfen lassen, kann es nicht so schlimm sein.

Hohe Quote

Da würden alle vor dem Fernseher hocken. Werbeeinschaltungen zwischen den Impfdurchläufen würden sich gut verkaufen lassen.

Öffentlicher Lerneffekt

Die Spreu würde sich vom Weizen trennen und die Frage beantworten: „Wer auf politischer Ebene meint es mit der Impfung ernst und wer nicht?"

Das Argument, mit einer solchen Aktion würden viele teuer Impfdosen sinnlos verbraucht werden, anstatt damit Risikopatienten damit zu impfen, erweist sich als nicht stichhaltig.

Denn was sind schon die 15 – 20 für diese Aktion erforderlichen Impfdosen in der

Relation zu den Milliarden Impfdosen, die mittelfristig benötigt werden, wenn man damit der grundsätzlichen Impfbereitschaft einen gehörigen Schub verpassen kann.

Selbstverständlich sollten sich auch die Führungskräfte der Impfmittelhersteller einer öffentlichen Impfung stellen.

10. Gibt es eine Wareneingangskontrolle für die angelieferten Impfstoffe?

In jedem Unternehmen gibt es eine Stelle, die angelieferte Waren gegen Bestellung und Lieferschein kontrolliert. Entspricht die angelieferte Ware den bedungenen Eigenschaften (Liefertermin, außen sichtbare Beschädigungen, Art, Menge, physikalische und chemische Eigenschaften, Einhalten der Kühlketten, Ablaufdatum, ...)? Dazu gibt es normierte Prüfverfahren, bei Massensendungen werden z.B. Stichproben gezogen, und diese dann stellvertretend für die Gesamtsendung geprüft.

Gerade bei Medikamenten und Impfstoffen, und hier speziell bei solchen, die einer geschlossenen Kühlkette von der Produktion bis zur Verwendung bedürfen, muss die Wareneingangsprüfung auf alle Fälle sehr penibel gehandhabt werden.

Man kann nur hoffen, dass das alles wirklich professionell gehandhabt wird. Entscheidend ist unter anderem die genaue Kontrolle von hoffentlich vorhandenen Farbindikatoren, die Temperaturänderungen während des gesamten Zeitraums zwischen

Produktion und Verwendung anzeigen. Mit Sicherheit kann man auch stichprobenweise kontrollieren, ob in den Fläschchen auch wirklich drinnen ist, was drinnen sein sollte.

11. Wer zahlt wie für Lock-auf und Lock-zu?

Beim Diskutieren dieser Frage ist zwischen zwei Begriffen zu unterscheiden. Zunächst entstehen einmal Kosten direkt aus der Bewältigung des Problems. Zunächst sind Rechnungen für Masken, Tests, Teststraßen Impfstoffe, etc. zu bezahlen. Das funktioniert aber nur dann, wenn entsprechende Liquidität dafür vorhanden ist. Es muss eine Geldquelle zum Bezahlen der diversen Rechnungen geben, für die entsprechende Finanzierung ist zu sorgen.

Was kostet uns die Pandemie?

Das weiß noch niemand genau, die Pandemie ist schließlich noch am Laufen. Außerdem ist noch weitgehend offen, welche Kosten überhaupt in die Nachkalkulation der Pandemie einfließen werden und wie man die relevanten Zahlenwerte ermitteln wird.

Fest steht allerdings, dass sich die Kosten in unverstellbar hohen Milliardenbeträgen bewegen werden.

Finanzierung

Die durch Corona erhöhte Staatsverschuldung stellt sich keineswegs als so schlimm dar, wie ängstliche Gemüter annehmen könnten. Denn die Volkswirtschaftler sind sich trotz der exorbitanten Summen in folgenden Punkten relativ einig:

- Aktuell ist man wegen der hohen Staatsverschuldung recht gelassen. Denn so lange das Zinsniveau auf dem aktuell niedrigen Niveau bleibt, ist steigende Verschuldung kein wirkliches Problem, zumal der Zinsendienst das Staatsbudget fast oder gar nicht belastet.

- Großanleger suchen immer halbwegs krisenfeste, politisch stabile Volkswirtschaften als Kreditnehmer, in denen ihr Geld einen sicheren und vor allem auch sturmfreien Hafen findet. Sie werden ihr Geld daher auch nicht so schnell nachdrücklich zurückfordern.

- Die Großanleger sind zusätzlich gewiss auch froh darüber, ihre Gelder ohne Negativzinsen geparkt zu halten.

Wer zahlt das wirklich?

Der Staat sind wir alle. Sehr wahrscheinlich werden wir daher alle das zum Finanzieren der laufenden Kosten der Pandemie (Lockdowns, Testungen, Impfungen, Behandlungskosten in Krankenhäusern, Masken, etc.) und der Folgekosten (Hochfahren der Wirtschaft, Insolvenzen, persönliches Leid durch Einschränkungen, ...) nötige

Fremdkapital zurückzahlen müssen. In den nächsten Jahren werden wir auch mit den erheblichen nachteiligen psychischen Effekten des ganzen Desasters in der gesamten Bevölkerung konfrontiert sein.

Folgende Denkvarianten können es sein, Mischen possible oder alles zusammen:

- Höhere Steuern oder Reduzieren öffentlicher Leistungen, was ja ebenfalls einen Besteuerungsvorgang darstellt.

- Steigende Negativzinsen, die zur Enteignung aller jener Sparer führen, die nicht in Wertpapieren, Immobilien oder z.B. in Gold veranlagen. Aber auch die höheren Veranlagungsformen enthalten das Risiko geringer Fungibilität, wenn es nämlich für Sachwerte mangels Kaufkraft keinen Markt gibt oder wenn Notverkäufe zu Schleuderpreisen nötig sein sollten.

- Höhere Inflation, dieses Instrument hat sich für Schuldner immer schon bestens bewährt.

12. Wie werden künftige „Pandemien" gemanagt werden?

Im Normalfall könnte man davon ausgehen, dass aus den aktuellen Vorgängen Lerninhalte abgeleitet werden. Das sollte man auch von den Verantwortlichen einfordern. Konstruktive Manöverkritik ohne politisches Gezerre wäre wünschenswert.

Es ist sicher schwierig, aus den Erfahrungen der letzten Monate eine Art Schubladenkonzept für ähnliche Situationen abzuleiten. Aber das muss eher Ansporn zum konstruktiven Vorgehen sein und darf nicht als Rechtfertigung zur Lethargie dienen.

Sicher wird es eine Art Untersuchungsausschuss mit intensiver Suche nach Schuldigen geben. Wir werden jede Menge Rechtfertigungen, jede Menge Schuldzuweisungen hören. Damit beleuchtet man aber nur die Vergangenheit. Nachdem die ausgemachten Schuldigen die Bühne verlassen haben werden, wird wie immer Ruhe einkehren. Das wird es dann wohl gewesen sein, bis zum nächsten Mal. Schade.

13. Wie können wir uns vor der nächsten Pandemie schützen?

In unserem Darm ist etwas ganz Wunderbares beheimatet: Unser Immunsystem. Es schützt uns vor viralen und bakteriellen Eindringlingen und Erkrankungen.

Wenn ein Kind geboren wird und durch den Geburtskanal in die Welt hinausgleitet, wird sein Immunsystem erstmals so richtig hochgefahren. Denn die Viren und Bakterien, die sich im Geburtskanal befinden, stürmen auf das Neugeborene ein und sein Immunsystem wird erstmals gefordert. Und dieses Immunsystem begleitet uns unser ganzes Leben lang, es schützt unseren Körper vor viralen und bakteriellen Angriffen.

Wenn sich das Immunsystem gegen einen solchen Angriff wehrt, dann reagiert dieses entweder unmerklich und unsichtbar, die Abwehr des Eindringlings erledigt es mit einem Fingerschnippen. Andererseits können auch z.B. Fieber, Abgeschlagenheit, Gliederschmerzen etc. entstehen und anzeigen, dass unser Körper soeben eine gröbere Schlacht gegen Eindringlinge bestreitet.

In den meisten Fällen gewinnt er eine solche Schlacht und das Immunsystem ist am Ende quasi um eine Erfahrung reicher.

Vielleicht gab es auch medizinische Unterstützung von außen, oder es haben die guten, alten Hausmittel (z.B. Wadenwickel, Tee, Bettruhe, ...) geholfen.

Warum sind Kinder, die auf Bauernhöfen aufwachsen, weniger oft krank als Kinder aus der Stadt? Bauerhöfe sind wahre Viren- und Bakterienschleudern, denn die Natur ist dort allgegenwärtig und niemand hat Zeit, einen Bauernhof mit 37 unterschiedlichen Putzmitteln klinisch sauber zu halten. Die Immunsysteme dieser Kinder sind daher ständig am Arbeiten, und deswegen sind sie auch bestens trainiert und allzeit für neue Aufgaben bereit.

Die moderne Medizin und unser Anspruchsverhalten haben im Laufe der Jahre leider dazu geführt, jede Unpässlichkeit, jede Erkrankung als schlecht zu bewerten. Denn sie behindert uns in unserem Fortkommen, schränkt uns ein, lässt uns nach außen schwach erscheinen und passt ganz einfach nicht in unsere Lebensplanung. Nicht leistungsfähig und nicht „gut drauf zu sein" sein, das „tut man einfach nicht!"

Daher ab zum Arzt, oder ohne diesen lästigen Umweg gleich in die Apotheke marschieren und ordentlich einkaufen. Man will doch etwas für seine Gesundheit tun. Aha, die Symptome verschwinden wie geplant ohne unnötigen Zeitverlust, war ein guter Arzt, ein guter Apotheker. Alles in Ordnung?

Mitnichten, denn unser Immunsystem räkelt sich während der ganzen Aktion gemütlich auf der Couch. Es musste schließlich nicht wirklich einschreiten, weil alles von außen her bestens erledigt worden ist. Ihm wurde allerdings damit leider eine sehr wichtige Trainingseinheit verweigert.

Was zeigt uns das? Wir sind es mittlerweile gewohnt, schnell und zu geringen Kosten von außen her Hilfe für jedes Problem zu bekommen. Ein Mouse-Click sollte reichen. Ähnliche Ansprüche stellen wir auch, wenn von außen eine größere Bedrohung droht. Die Regierung, die Politiker, die Feuerwehr, die Eltern, die Lehrer etc., quasi alle, haben bitte dafür zu sorgen, dass es uns in allen Phasen des Lebens gut geht. Wir entscheiden nur noch, wann, wodurch und wieviel Unterstützung wir anfordern. Sollte das nicht wunschgemäß funktionieren, dann aber hallo! „Ich habe nichts gemacht, alle anderen sind schuld!“

Und nun kommt plötzlich ein ganz großes, dickes Ding in Form einer Pandemie daher, mit unglaublich komplexen, vorderhand aber noch im Dunklen liegenden Zusammenhängen. Sieht daher auf den ersten Blick einfach aus. Also los, an die Arbeit!

Die Politik setzt alles daran, sich entsprechend zu profilieren und versucht, dieses Problem für das ganze Volk möglichst einheitlich zu lösen. Wie und was machen die anderen Staaten? Welche Berater setzen sie ein? Wie sieht die einzig wahre, einfache, bestechende rasch verfügbare Problemlösung aus? Welche Unternehmen können diese auf welcher Basis bieten? Welches Narrativ kann man zweckmäßig und nachhaltig einsetzen?

Hilfe von außen scheint leicht möglich, denn die Betroffenen mussten sich auf den ersten Blick nicht besonders anstrengen und die Politiker brauchten nur die Fäden zu ziehen. Impfen, und zwar alle, das ist die bestechend einfache Lösung. Also alles paletti? Nein, nicht wirklich!

Bemühen wir ein augenfälliges Beispiel, nämlich die Autofahrer. Ich gehe davon aus, dass sich fast alle an die Verkehrsregeln halten. Aber es gibt halt doch Raser, Alko- und Drogenlenker, die schwere Unfälle mit Todesfolge verursachen. Wer käme auf die Idee, deswegen das Autofahren allgemein zu verbieten? Als Alternative gibt es Radar, Alkohol- und Drogentests, also selektive Maßnahmen, ohne gleich das Kind mit dem Bad auszuschütten.

Was wurde übersehen? Die Eigenverantwortung der Menschen wurde vernachlässigt. Eigenverantwortung übernehmen zu können ist allerdings auch eine Frage der Bildung jedes Einzelnen. Noch Fragen?

Weiters wurde das Immunsystem der Menschen nicht mitberücksichtigt. Denn eine bloße Infektion ist noch lange keine Erkrankung, und eine Infektion zu bewältigen ist in erster Linie Angelegenheit des Immunsystems. Die Erfahrung hat dann auch gezeigt, dass nur ein kleiner Teil der - mit den dafür bekanntermaßen ungeeigneten PCR-Tests - positiv getesteten Menschen tatsächlich Symptome entwickelt hat. Diese Symptome zu behandeln ist dann Sache eines Arztes oder eines Krankenhauses entlang eines vordefinierten Behandlungspfades.

Die Schlagkraft unseres Immunsystems hängt von unserem Lebensstil ab. Unter anderem unbewältigter Dauerstress, Angst, schlechte Ernährung, körperliche Inaktivität etc. schwächen unser Immunsystem. Auch der Vitaminstatus beeinflusst unser Immunsystem nachhaltig. Vitamin D3 ist hier besonders zu nennen. Zum Vertiefen dieses Ansatzes steht breite Fachliteratur zur Verfügung.

14. Was können und wollen wir zusammenfassend mitnehmen?

Der gesamte Ablauf bisher bringt eine Menge Ansätze für Lerninhalte.

Politische Ebene

- Wenn irgendwo gravierende Störfelder sichtbar werden, ist zunächst bedingungslose Ehrlichkeit angesagt.

- Angst ist und war immer schon ein sehr schlechter Berater. Das gilt besonders für absichtlich erzeugte Angstgefühle. Beruhigung der Bevölkerung erscheint hingegen viel wichtiger. Aber mit Angst lassen sich eben auch große Gemeinschaften sehr leicht lenken.

- Wichtig ist ein ehrliches, robustes Narrativ zum Beschreiben des Themas.

- Es muss möglich sein, vom gewollten Mainstream abweichende Meinungen zu einem bestimmten Thema in der Öffentlichkeit zu präsentieren, ohne als Leugner, Querdenker etc. negativ gebrandmarkt zu werden. Mitdenken muss wieder gewollt sein.

- Zu fordern sind einfache und allgemein verständliche Maßnahmen mit konkreten Zeithorizonten, die aber dann auch konsequent durchgezogen werden, und zwar ohne Ansehen allfälliger ethnisch begründeter Lebensgewohnheiten.

- Zu fordern sind auch Kennzahlen, anhand derer die Bevölkerung den Fortschritt von Maßnahmen nachvollziehen kann. Diese Kennzahlen sowie ihre Schwellenwerte müssen über den gesamten Zeitraum einer Maßnahme begrifflich gleichbleiben.

- Je einfacher Verordnungen formuliert sind, desto schwieriger ist es, Schlupflöcher zum Umgehen zu finden.

- Die Auswahl von Ministern ist auf neue Füße zu stellen. Zusätzlich zu ihren politischen Fähigkeiten sollten das nur Leute mit Fachkompetenz für ihre Ressorts sein. Vor ihrer Bestellung als Minister sollte man vorhandene Dissertationen auf Plagiate prüfen und öffentliche Hearings vor einem Fachgremium durchführen. Fachlich neben ihrem Ressort stehende Minister soll es in Zukunft nicht mehr geben.

- Die Auswahl von Experten, die die Regierung beraten, ist neu zu regeln. Plagiatsprüfung ihrer Dissertationen und öffentliche Hearings sollten selbstverständlich sein.

- Die Politiker müssen sich dessen immer bewusst sein, für wen sie arbeiten und entscheiden. Die Großkonzerne schauen schon auf ihr eigenes Wohl. Die Politik muss hier stark dagegenhalten.

- Alle Verfassungsgesetze sind penibel zu beachten und einzuhalten. Das sind die Politiker der Bevölkerung zum Aufrechterhalten der Rechtsstaatlichkeit schuldig. Hinweise auf die Verfassungswidrigkeit von Verordnungen mit dem Argument abzublocken, dass die Verordnung schon längst wieder ausgelaufen ist, wenn das Verfassungsgericht endlich tagt, ist eine glatte Verhöhnung der Bevölkerung. Ein Mörder kann sich auch nicht vor einer strafrechtlichen Verfolgung schützen indem er vorbringt, dass der Ermordete ohnehin schon tot sei, wenn die Gerichtsverhandlung endlich stattfindet.

- Engpässe bei systemkritisch relevanten Gütern (z.B. bei Impfstoffen) müssen für die Lieferanten schmerzhafte Konsequenzen haben. Es geht nicht, dass Konkurrenzkämpfe auf dem Rücken der Bevölkerung ausgetragen werden.

- Einer drohenden Monopolisierung von Lieferanten systemkritisch relevanter Güter ist mit Nachdruck zu begegnen. Auch wenn dadurch erhöhte Kosten entstehen, sind Alternativen sowohl bei den

Lösungsansätzen als auch bei Lösungs-
produkten unbedingt anzustreben.

Ebene des eigenen Verhaltens

- Unter anderem mit vitaminreicher Ernährung statt industriell vorgefertigter Nah-
rungsmittel, mehr Bewegung an frischer
Luft, weniger Stress und mehr Gelassen-
heit trainieren wir unser Immunsystem.

- Wir müssen unseren Politikern jederzeit
zeigen, dass sie für uns als Bevölkerung
zu denken und zu arbeiten haben und für
sonst niemanden.

- Das Vertreten anderer, vom Mainstream
abweichender Meinungen ist etwas ande-
res als Querdenken oder Verschwörung.

- Wir müssen uns gegen begrifflich unklare
bzw. für die Allgemeinheit unverständli-
che Statistiken und Grafiken wehren.

- Wir müssen lernen, uns zumindest die
gravierendsten und die kostenintensivs-
ten Fehler unserer Regierung jedenfalls
bis zu den nächsten Wahlen zu merken.

- Wir müssen mit aller Kraft dafür eintre-
ten, dass Politiker, die Verfassungsgesetze bewusst oder sogar absichtlich
missachten, sofort von ihren politischen
Ämtern verschwinden.